Impressum
Verlag: BABADADA GmbH, Nedderfeld 112 , 22529 Hamburg
Geschäftsführer / Verlagsleitung: Harald Hof
Druck: Books on Demand GmbH, In de Tarpen 42, 22848 Norderstedt

Imprint
Publisher: BABADADA GmbH, Nedderfeld 112 , 22529 Hamburg, Germany
Managing Director / Publishing direction: Harald Hof
Print: Books on Demand GmbH, In de Tarpen 42, 22848 Norderstedt, Germany

# skole

## בית ספר

klasseværelse
כיתה
dividere
חילק
186/2
tavle
לוח
skolegård
lærer
מורה
papir
נייר
skrive
כתב
pen
עט
skrivebord
שולחן עבודה
lineal
סרגל
bog
ספר
elev
תלמיד

skoletaske

ילקוט

penalhus

קלמר

blyant

עיפרון

blyantspidser

מחדד

viskelæder

גומי מחיקה

tegneblok

חוברת סרטוט

2 skole - בית ספר

tegning

סרטוט

pensel

מברשת

æske med vandfarver

קופסת צבעים

saks

מספריים

lim

דבק

opgavehefte

ספר תרגול

lektie

שיעור בית

**12**

tal

מספר

**2+2**

addere

חיבר

**5-2**

subtrahere

חיסר

**2×2**

multiplicere

הכפיל

regne

חישב

**A**

bogstav

אות

ABCDEFG
HIJKLMN
OPQRSTU
VWXYZ

alfabet

אלפבית

hello

ord

מילה

tekst

טקסט

læse

קרא

kridt

גיר

time

שיעור

klasseprotokol

יומן נוכחות

eksamen

מבחן

karakterbog

תעודה

skoleuniform

תלבושת בית ספר

uddannelse

חינוך

leksikon

אנציקלופדיה

universitet

אוניברסיטה

mikroskop

מיקרוסקופ

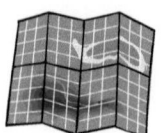

kort

מפה

papirkurv

סל נייר

hotel
מלון
Grand
herberg
הוסטל
ROOMS
EXCHANGE
vekselkontor
המרת מטבע
kuffert
מזוודה
bil
אוטו

sprog

שפה

ja / nej

כן / לא

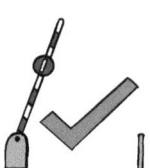

okay

בסדר

hej

שלום

oversætter

מתרגם

tak

תודה

hvad koster...?

כמה עולה.....?

Jeg forstår ikke

אני לא מבין

problem

בעיה

God aften!

ערב טוב!

God morgen!

בוקר טוב!

God nat!

לילה טוב!

farvel

להתראות

retning

כיוון

bagage

כבודה

taske

תיק

rygsæk

תרמיל גב

gæst

אורח

værelse

חדר

sovepose

שק שינה

telt

אוהל

turistinformation

מרכז מידע לתיירים

strand

חוף ים

kreditkort

כרטיס אשראי

morgenmad

ארוחת בוקר

middagsmad

ארוחת צהריים

aftensmad

ארוחת ערב

billet

כרטיס

elevator

מעלית

frimærke

בול

grænse

גבול

told

מכס

ambassade

שגרירות

visum

אשרה

pas

דרכון

# transport

# תחבורה

flyvemaskine
מטוס
skib
אונייה
brandbil
כבאית
bus
אוטובוס
lastbil
משאית
motorbåd
סירת מנוע
bil
אוטו
cykel
אופניים

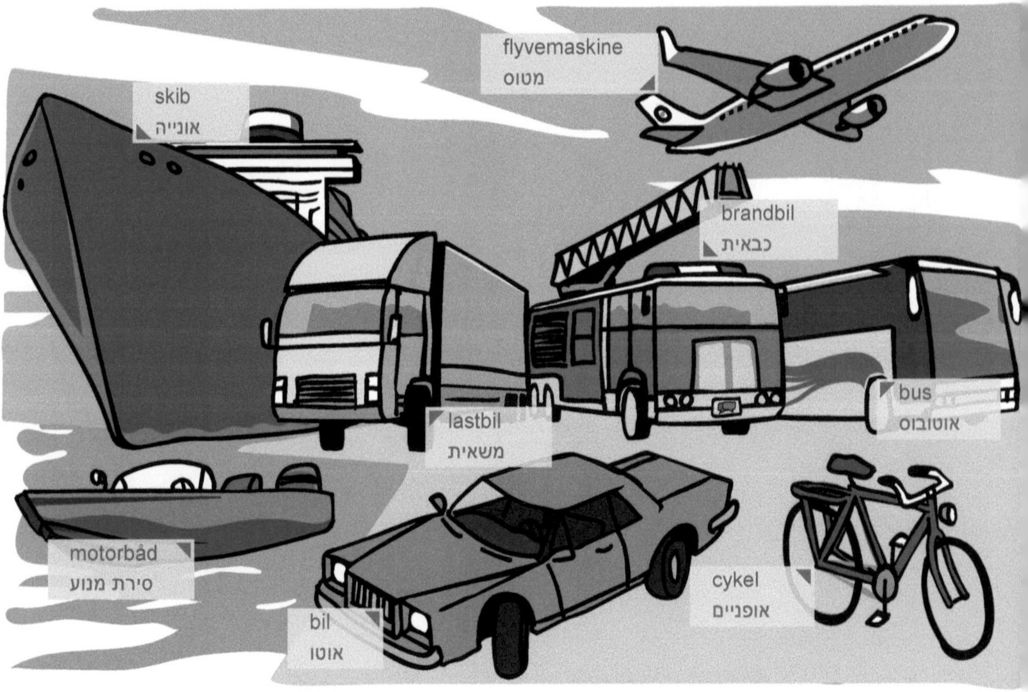

færge

מעבורת

båd

סירה

motorcykel

אופנוע

politibil

ניידת משטרה

racerbil

מכונית מרוץ

lejebil

רכב שכור

samkørsel

מכוניות בשיתוף

kranbil

אוטו גרר

skraldebil

משאית זבל

motor

מנוע

benzin

דלק

tankstation

תחנת דלק

trafikskilt

תמרור

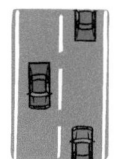

trafik

תנועה

trafikprop

פקק תנועה

parkeringsplads

חניה

banegård

תחנת רכבת

skinner

פסי רכבת

tog

רכבת

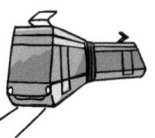

sporvogn

רכבת קלה

wagon

קרון

helikopter

מסוק

lufthavn

שדה-תעופה

tårn

מגדל

passager

נוסע

container

קונטיינר

karton

קרטון

kærre

עגלה

kurv

סל

starte / lande

המראה / נחיתה

## by

## עיר

landsby

כפר

bymidte

מרכז העיר

hus

בית

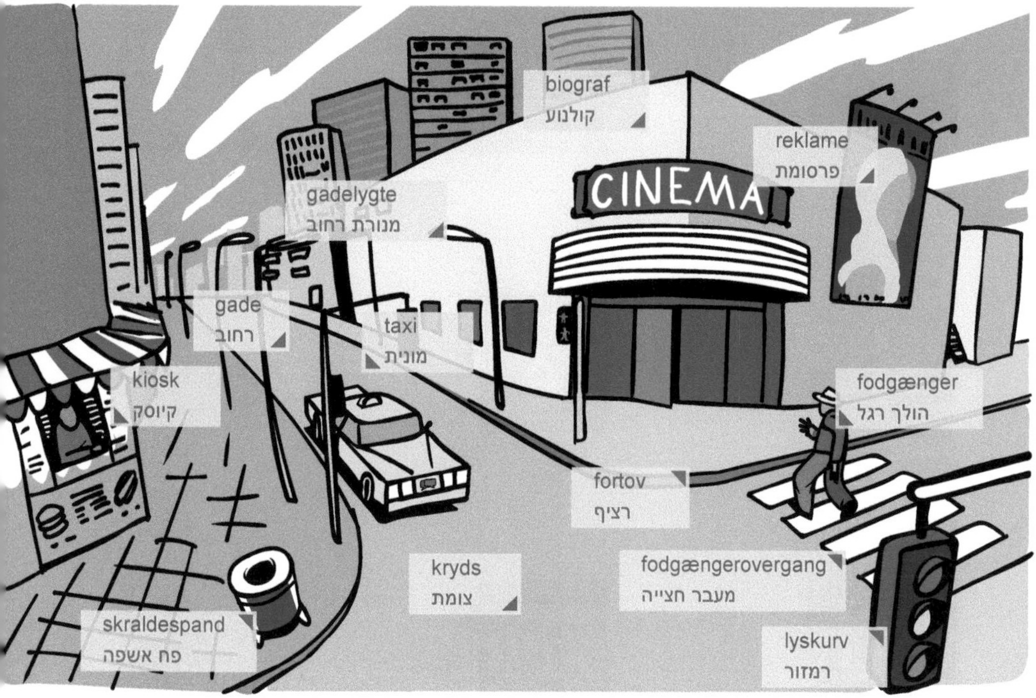

biograf
קולנוע

reklame
פרסומת

gadelygte
מנורת רחוב

**CINEMA**

gade
רחוב

taxi
מונית

kiosk
קיוסק

fodgænger
הולך רגל

fortov
רציף

kryds
צומת

fodgængerovergang
מעבר חצייה

skraldespand
פח אשפה

lyskurv
רמזור

hytte

בקתה

lejlighed

דירה

banegård

תחנת רכבת

rådhus

עירייה

museum

מוזיאון

skole

בית ספר

universitet

אוניברסיטה

bank

בנק

sygehus

בית חולים

hotel

מלון

apotek

בית מרקחת

kontor

משרד

boghandel

חנות ספרים

butik

חנות

blomsterbutik

חנות פרחים

supermarked

סופרמרקט

marked

שוק

stormagasin

כל-בו

fiskehandler

מוכר דגים

butikscenter

קניון

havn

נמל

park

פארק

bænk

ספסל

bro

גשר

trappe

מדרגות

undergrundsbane

רכבת תחתית

tunnel

מנהרה

busstoppested

תחנת אוטובוס

barnevogn

בר

restaurant

מסעדה

postkasse

תא דואר

vejskilt

שלט רחוב

parkometer

מדחן

zoo

גן חיות

badeanstalt

בריכת שחיה

moske

מסגד

bondegård

חווה

miljøforurening

זיהום

kirkegård

בית עלמין

kirke

כנסייה

legeplads

מגרש משחקים

tempel

בית מקדש

# landskab

# נוף

blad
עלה

vejviser
תמרור

vej
דרך

eng
מרעה

sten
אבן

træ
עץ

vandrer
מטייל

flod
נהר

græs
דשא

blomst
פרח

dal

בקעה

bjerg

הר

sø

אגם

skov

יער

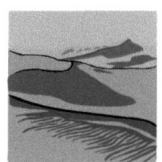

ørken

מדבר

vulkan

הר געש

slot

טירה

regnbue

קשת בענן

svamp

פטריה

palme

דקל

moskito

יתוש

flue

זבוב

myre

נמלה

bi

דבורה

edderkop

עכביש

bille

חיפושית

frø

צפרדע

egern

סנאי

pindsvin

קיפוד

hare

ארנב

ugle

ינשוף

fugl

ציפור

svane

ברבור

vildsvin

חזיר בר

hjort

צבי

elg

אייל הקורא

dæmning

סכר

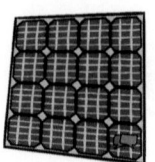

vindmølle

טורבינת רוח

solcellemodul

פנל סולארי

klima

אקלים

# restaurant

# מסעדה

tjener
מלצר
spisekort
תפריט
stol
כסא
suppe
מרק
pizza
פיצה
bestik
סכו"ם
borddug
מפת שולחן

forret
מנת פתיחה

hovedret
מנה עיקרית

dessert
קינוח

drikkevarer
שתיות

mad
אוכל

flaske
בקבוק

fastfood

מזון מהיר

streetfood

אוכל רחוב

tekande

קנקן תה

sukkerdåse

מסכרת

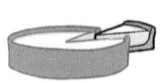

portion

מנה

espressomaskine

מכונת אספרסו

barnestol

כסא תינוק

faktura

חשבון

tablet

מגש

kniv

סכין

gaffel

מזלג

ske

כף

teske

כפית

serviet

מפית

glas

כוס

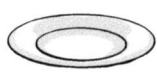

tallerken

צלחת

dyb tallerken

קערת מרק

underkop

תחתית

sovs

רוטב

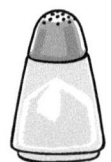

saltbøsse

מלחייה

peberkværn

מטחנת פלפל

eddike

חומץ

olie

שמן

krydderier

תבלינים

ketchup

קטשופ

sennep

חרדל

mayonnaise

מיונז

# supermarked

## סופרמרקט

tilbud
מבצע
FOR
kunde
לקוח
mælkeprodukter
מוצרי חלב
frugt
פירות
indkøbsvogn
עגלת קניות

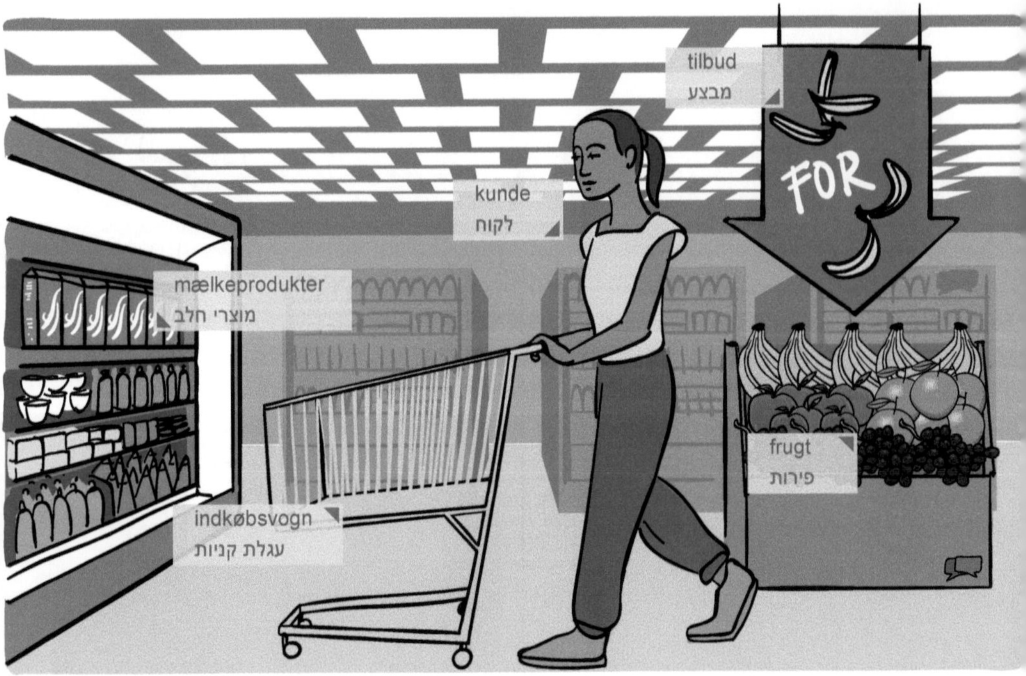

slagter

אטליז

bageri

מאפייה

veje

שקל

grøntsager

ירקות

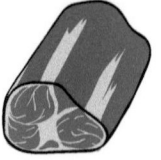

kød

בשר

frostvarer

מזון קפוא

pålæg

בשר קר

konserves

שימורים

vaskemiddel

אבקת כביסה

slik

ממתקים

husholdningsvarer

מוצרי בית

rengøringsmidler

חומר ניקוי

ekspedient

מוכרת

kasse

קופה

kasserer

קופאי

indkøbsliste

רשימת קניות

åbningstider

שעות פתיחה

tegnebog

ארנק

kreditkort

כרטיס אשראי

taske

תיק

plasticpose

שקית נילון

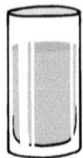

# drikkevarer
# שתיות

vand

מים

saft

מיץ

mælk

חלב

cola

קולה

vin

יין

øl

בירה

alkohol

אלכוהול

kakao

קקאו

te

תה

kaffe

קפה

espresso

אספרסו

cappuccino

קפוצ'ינו

banan

בננה

æble

תפוח

appelsin

תפוז

melon

אבטיח

citron

לימון

gulerod

גזר

hvidløg

שום

bambus

במבוק

løg

בצל

svamp

פטריות

nødder

אגוזים

nudler

אטריות

spaghetti

ספגטי

ris

אורז

salat

סלט

pomfritter

צ'יפס

stegte kartofler

צ'יפס

pizza

פיצה

hamburger

המבורגר

sandwich

כריך

schnitzel

שניצל

skinke

שינקין

salami

סלאמי

pølse

נקניקיה

kylling

עוף

steg

טיגון

fisk

דג

havregryn

שיבולת שועל

mysli

מוזלי

cornflakes

קורנפלקס

mel

קמח

croissant

קרואסון

rundstykke

לחמנייה

brød

לחם

toast

טוסט

kiks

עוגיות

smør

חמאה

kvark

גבינה לבנה

kage

עוגה

æg

ביצה

spejlæg

ביצת עין

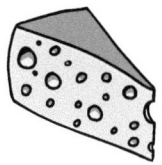

ost

גבינה

is

גלידה

sukker

סוכר

honning

דבש

marmelade

ריבה

nougat-creme

ממרח נוגט

karry

קארי

# bondegård

## חווה

skur
אסם
halmballer
חבילת שחת
mark
שדה
hest
סוס
anhænger
עגלת נגרר
føl
סייח
traktor
טרקטור
æsel
חמור
får
כבש
lam
טלה

ged

עז

ko

פרה

kalv

עגל

svin

חזיר

gris

חזרזיר

tyr

שור

gås

אווז

and

ברווז

kylling

אפרוח

høne

תרנגולת

hane

תרנגול

rotte

חולדה

kat

חתול

mus

עכבר

okse

שור

hund

כלב

hundehus

מלונה

haveslange

צינור השקיה

vandkande

קנקן מים

le

חרמש

plov

מחרשה

segl

מגל

hakkejern

מגרפה

møggreb

קלשון

økse

גרזן

trillebør

מריצה

trug

שוקת

mælkekande

כד חלב

sæk

שק

hæk

גדר

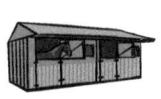

stald

אורווה

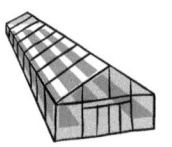

drivhus

חממה

jord

אדמה

frø

זרע

gødning

דשן

mejetærsker

מקצרה

høste

קצר

høst

קציר

yams

בטטה אפריקנית

hvede

חיטה

soja

סויה

kartoffel

תפוח אדמה

majs

תירס

raps

קנולה

frugttræ

עץ פירות

maniok

קסבה

korn

דגנים

# hus

# בית

skorsten
ארובה
tag
גג
tagrende
מרזב
vindue
חלון
garage
מוסך
dørklokke
פעמון
dør
דלת
skraldespand
פח אשפה
postkasse
תיבת מכתבים
have
גינה

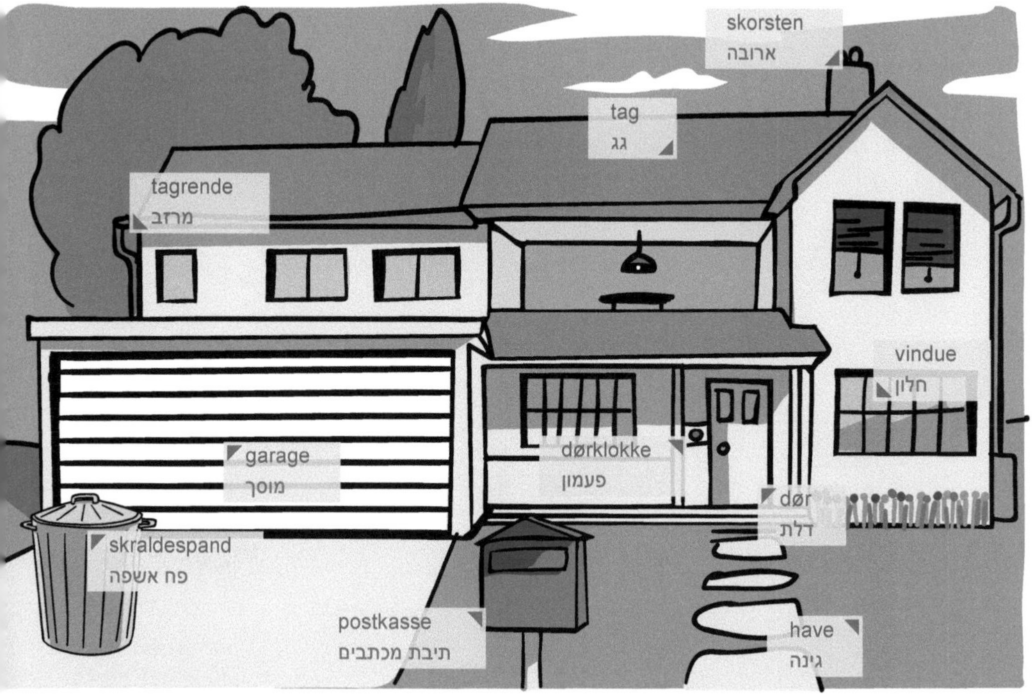

stue

סלון

badeværelse

חדר אמבטיה

køkken

מטבח

soveværelse

חדר שינה

børneværelse

חדר ילדים

spisestue

חדר אוכל

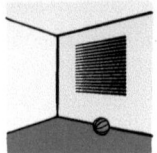

gulv

רצפה

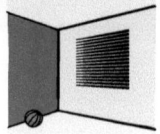

væg

קיר

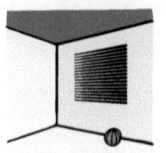

loft

תקרה

kælder

מרתף

sauna

סאונה

altan

מרפסת

terrasse

מרפסת

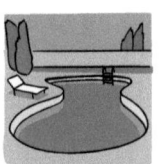

svømmehal

בריכה

plæneklipper

מכסחת דשא

dynebetræk

סדין

dyne

כיסוי מיטה

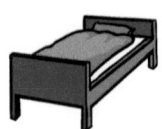

seng

מיטה

kost

מטאטא

spand

דלי

kontakt

מפסק

# stue

# סלון

tapet
טפט
billede
תמונה
lampe
מנורה
reol
מדף
skab
ארון
fjernsyn
טלוויזיה
pejs
אח
blomst
פרח
pude
כרית
sofa
ספה
vase
אגרטל
fjernbetjening
שלט רחוק

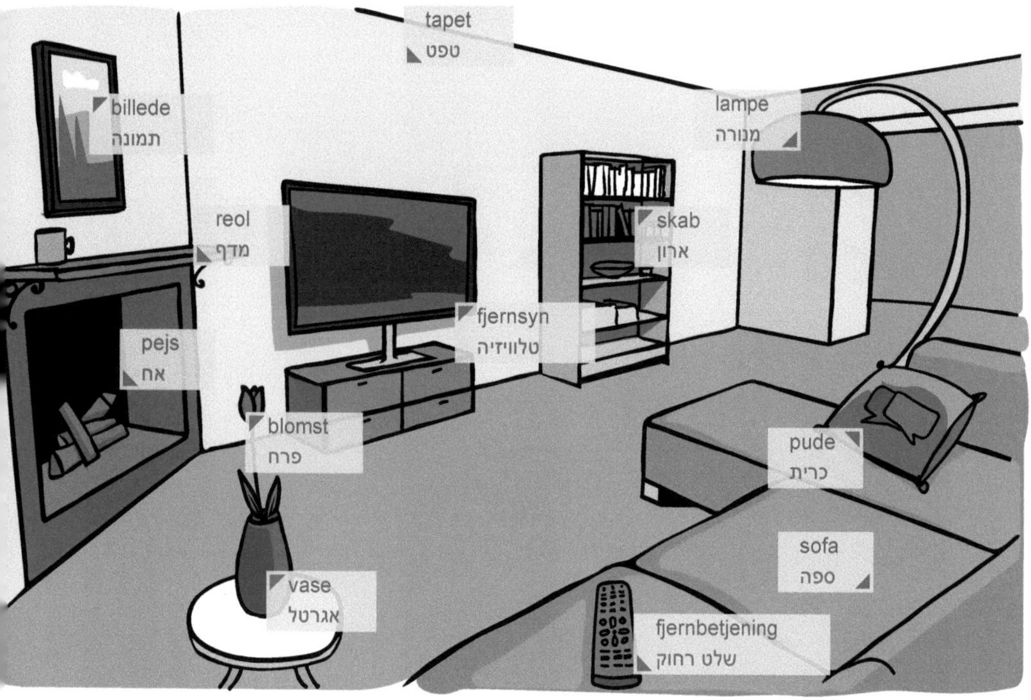

gulvtæppe

שטיח

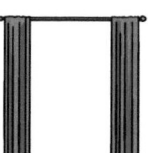

gardin

וילון

bord

שולחן

stol

כסא

gyngestol

כיסא נדנדה

lænestol

כורסה

bog

ספר

tæppe

שמיכה

dekoration

דקורציה

brænde

עצי הסקה

film

סרט

stereoanlæg

מערכת סטריאו

nøgle

מפתח

avis

עיתון

maleri

ציור

plakat

פוסטר

radio

רדיו

notesblok

מחברת

støvsuger

שואב אבק

kaktus

קקטוס

lys

נר

# køkken

# מטבח

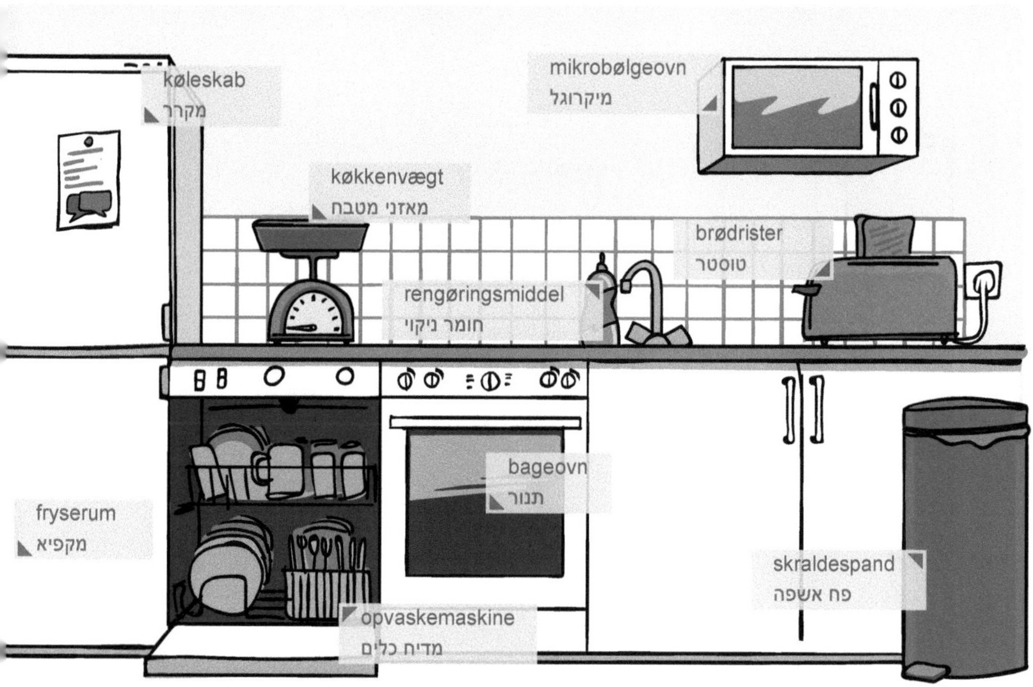

køleskab
מקרר
mikrobølgeovn
מיקרוגל
køkkenvægt
מאזני מטבח
brødrister
טוסטר
rengøringsmiddel
חומר ניקוי
bageovn
תנור
fryserum
מקפיא
skraldespand
פח אשפה
opvaskemaskine
מדיח כלים


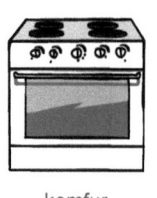

komfur

תנור

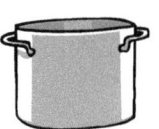

gryde

סיר

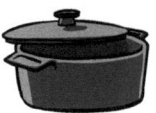

jerngryde

סיר ברזל

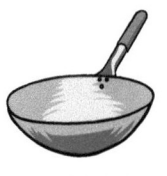

wok / kadai

ווק

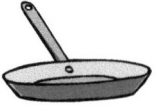

pande

מחבת

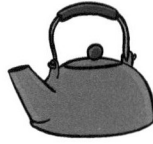

elkedel

קומקום חשמלי

dampkoger

מאדה

bageplade

מגש אפייה

service

כלי אוכל

bæger

ספל

skål

קערה

spisepinde

צ'ופסטיקס

øseske

מצקת

paletkniv

מרית

piskeris

מטרפה

dørslag

מסננת בישול

si

מסננת

rive

מגרדת

morter

מכתש

grille

גריל

ildsted

מדורה

skærebræt

קרש חיתוך

kagerulle

מערוך

proptrækker

פותחן פקקים

dåse

פחית

dåseåbner

פותחן קופסאות

grydelap

מטלית

køkkenvask

כיור

børste

מברשת

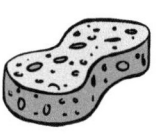

svamp

ספוג

blender

בלנדר

dybfryser

מקפיא

sutteflaske

בקבוק לתינוק

vandhane

ברז

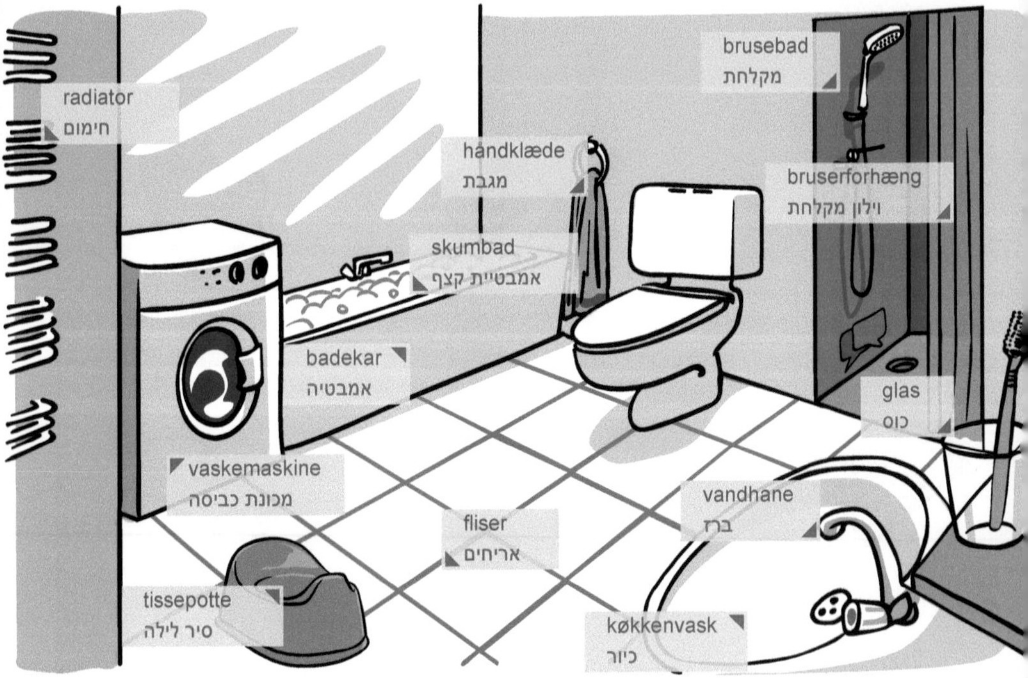

# badeværelse

# חדר אמבטיה

radiator
חימום
brusebad
מקלחת
håndklæde
מגבת
bruserforhæng
וילון מקלחת
skumbad
אמבטיית קצף
badekar
אמבטיה
glas
כוס
vaskemaskine
מכונת כביסה
vandhane
ברז
fliser
אריחים
tissepotte
סיר לילה
køkkenvask
כיור

toilet
אסלה

hugsiddende toilet
אסלת כריעה

bidet
בידה

pissoir
משתנה

toiletpapir
נייר טואלט

toiletbørste
מברשת אסלה

**tandbørste**

מברשת שיניים

**tandpasta**

משחת שיניים

**tandtråd**

חוט דנטלי

**vaske**

שטף

**håndbruser**

מקלחת יד

**intimbruser**

צינור שטיפה לשירותים

**vaskefad**

קערת רחצה

**badebørste**

מברשת גב

**sæbe**

סבון

**brusegele**

ג'ל רחצה

**shampoo**

שמפו

**vaskeklud**

ליפה

**afløb**

ניקוז

**creme**

קרם

**deodorant**

דיאודורנט

spejl

מראה

kosmetikspejl

מראת יד

barberhøvl

סכין גילוח

barberskum

קצף גילוח

barbervand

אפטרשייב

kam

מסרק

børste

מברשת

hårtørrer

מייבש שיעור

hårspray

ספריי לשיער

makeup

איפור

læbestift

שפתון

neglelak

לק

vat

צמר גפן

neglesaks

מספריים לציפורניים

parfume

בושם

toilettaske

תיק כלי רחצה

skammel

שרפרף

vægt

משקל

badekåbe

חלוק רחצה

gummihandsker

כפפות גומי

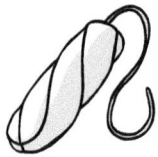

tampon

טמפון

damebind

תחבושת סניטרית

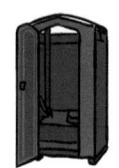

kemisk toilet

שירותים כימיקליים

# børneværelse

## חדר ילדים

vækkeur
שעון מעורר
bamse
צעצוע חיבוק
legetøjsbil
מכונית צעצוע
skralde
רעשן
dukkehus
בית בובות
gave
מתנה

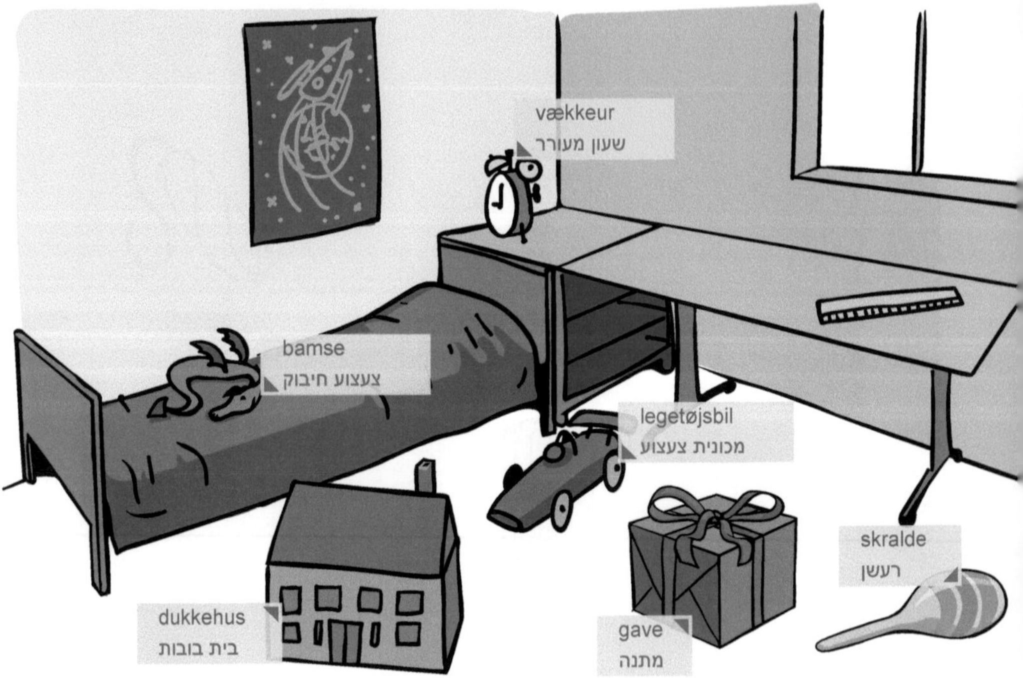

ballon

בלון

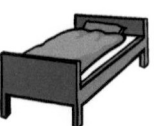

seng

מיטה

barnevogn

עגלה

kortspil

משחק קלפים

puslespil

פאזל

tegneserie

קומיקס

legoklodser

לגו

byggeklodser

קוביות משחק

action figur

דמות משחק

sparkedragt

סרבל תינוקות

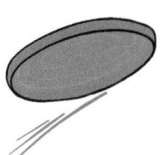

frisbee

פריזבי

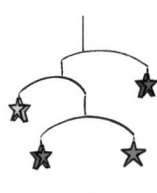

uro

נייד

brætspil

משחק לוח

terning

קוביה

modeljernbane

רכבת צעצוע

sut

מוצץ

fest

מסיבה

billedbog

אלבום תמונות

bold

כדור

dukke

בובה

lege

שיחק

**sandkasse**

ארגז חול

**gynge**

נדנדה

**legetøj**

צעצועים

**spillekonsol**

קונסולת משחקים

**trehjulet cykel**

אופניים תלת גלגלי

**bamse**

דובון

**klædeskab**

ארון בגדים

## tøj

## בגדים

**sokker**

גרביים

**strømper**

גרביונים

**strømpebukser**

גרביון

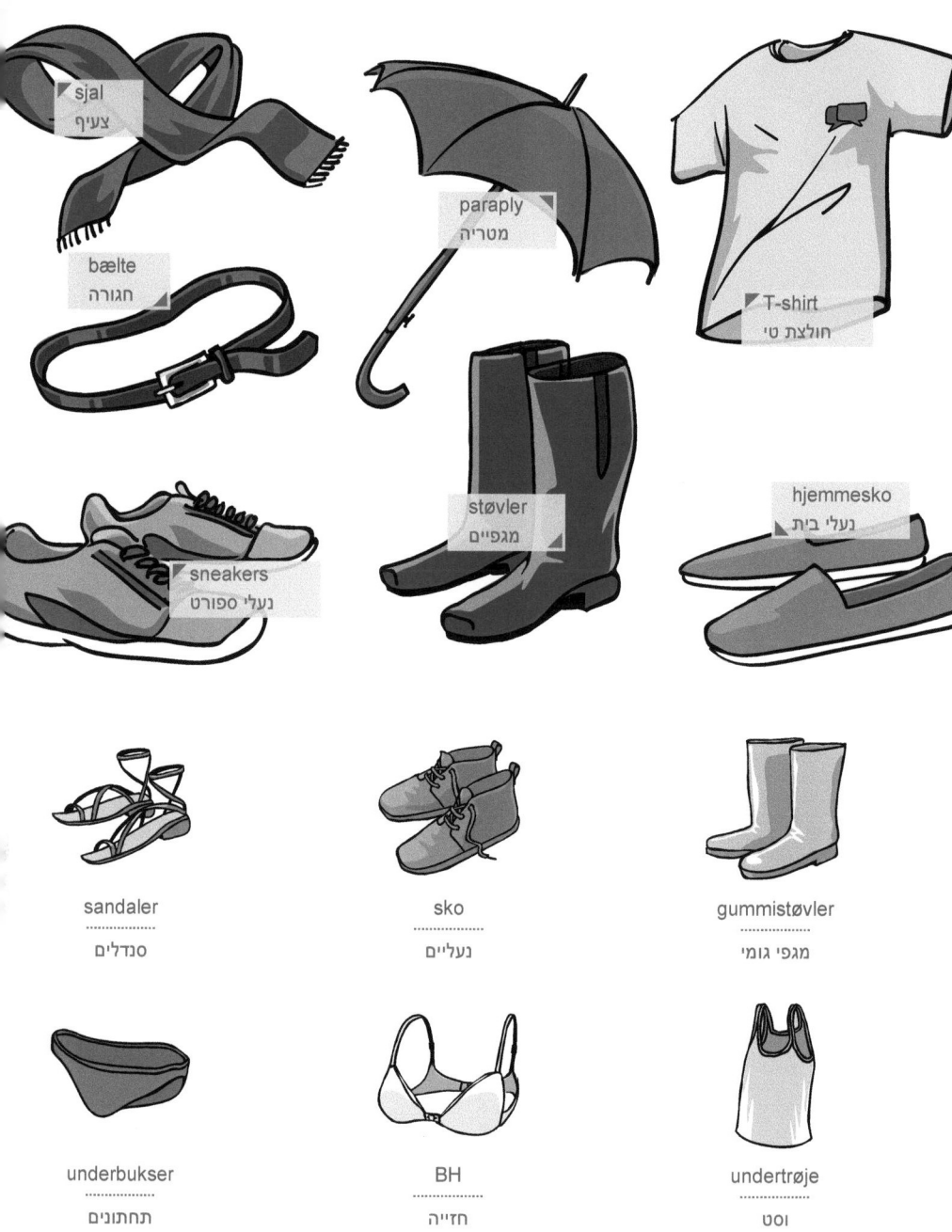

sjal
צעיף

paraply
מטריה

T-shirt
חולצת טי

bælte
חגורה

støvler
מגפיים

hjemmesko
נעלי בית

sneakers
נעלי ספורט

| sandaler | sko | gummistøvler |
|----------|-----|--------------|
| סנדלים | נעליים | מגפי גומי |

| underbukser | BH | undertrøje |
|-------------|-----|------------|
| תחתונים | חזייה | וסט |

body

גוף

bukser

מכנסיים

jeans

ג'ינס

nederdel

חצאית

bluse

חולצה מכופתרת

skjorte

חולצה

pullover

אפודה

sweatshirt

סווצ'ר עם קפוצ'ון

blazer

בלייזר

jakke

ז'קט

frakke

מעיל

regnfrakke

מעיל גשם

kostume

תלבושת

kjole

שמלה

brudekjole

שמלת כלה

jakkesæt

חליפה

nattrøje

כותונת לילה

pyjamas

פיג'מה

sari

סארי

hovedtørklæde

מטפחת ראש

turban

טורבן

burka

בורקה

kaftan

קאפטן

abaya

עבאיה

badedragt

בגד ים

badebukser

בגד ים

korte bukser

מכנסיים קצרים

træningsdragt

בגד אימון

forklæde

סינר

handsker

כפפות

knap

כפתור

briller

משקפיים

armbånd

צמיד יד

kæde

שרשרת

ring

טבעת

ørering

עגיל

hue

כובע

bøjle

קולב

hat

כובע

slips

עניבה

lynlås

רוכסן

hjelm

קסדה

seler

כתפיות

skoleuniform

תלבושת בית ספר

uniform

מדים

hagesmæk

מפית אוכל

sut

מוצץ

ble

חיתול

## kontor

## משרד

server
שרת

arkivskab
תיקייה

printer
מדפסת

papir
נייר

skærm
מסך

skrivebord
שולחן עבודה

mus
עכבר

mappe
תיק

tastatur
מקלדת

papirkurv
סל נייר

stol
כסא

computer
מחשב

kaffekrus

ספל קפה

lommeregner

מחשבון

internet

אינטרנט

bærbar

מחשב נייד

brev

מכתב

besked

הודעה

mobil

נייד

netværk

רשת

kopimaskine

מכונת צילום

software

תוכנה

telefon

טלפון

stikdåse

שקע

fax

פקס

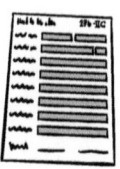

formular

טופס

dokument

מסמך

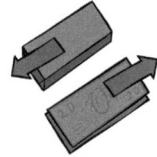

købe

קנה

betale

שילם

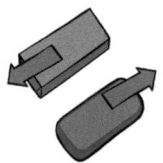

handle

סחר

penge

כסף

**USD**

dollar

דולר

**EUR**

euro

יורו

**JPY**

yen

ין

**RUB**

rubel

רובל

**CHF**

schweizerfranc

פרנק שווייצרי

**CNY**

renminbi yuan

יואן רנמינבי

**INR**

rupee

רופי

hæveautomat

כספומט

vekselkontor

המרת מטבע

guld

זהב

sølv

כסף

olie

נפט

energi

אנרגיה

pris

מחיר

kontrakt

חוזה

skat

מס

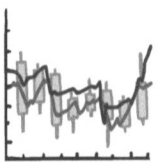

aktie

מנייה

arbejde

עבד

ansat

עובד

arbejdsgiver

מעסיק

fabrik

מפעל

butik

חנות

# erhverv

# מקצועות

politimand
שוטר
brandmand
כבאי
kok
טבח
læge
רופא
pilot
טייס

gartner

גנן

tømrer

נגר

syerske

תופרת

dommer

שופט

kemiker

כימאי

skuespiller

שחקן

**buschauffør**

נהג אוטובוס

**taxachauffør**

נהג מונית

**fisker**

דייג

**rengøringskone**

עובדת נקיון

**tagdækker**

מתקן גגות

**tjener**

מלצר

**jæger**

צייד

**maler**

צייר

**bager**

אופה

**elektriker**

חשמלאי

**bygningsarbejder**

עובד בניין

**ingeniør**

מהנדס

**slagter**

קצב

**vvs-mand**

אינסטלטור

**postbud**

דוור

soldat

חייל

arkitekt

אדריכל

kasserer

קופאי

blomsterhandler

מוכר פרחים

frisør

ספר

togfører

כרטיסן

mekaniker

מכונאי

kaptajn

קברניט

tandlæge

רופא שיניים

videnskabsmand

מדען

rabbiner

רב

imam

אימאם

munk

נזיר

præst

כומר

# værktøj

## כלי עבודה

tang
צבת
hammer
פטיש
skruedrejer
מברג
lommelygte
פנס
skruenøgle
מפתח ברגים

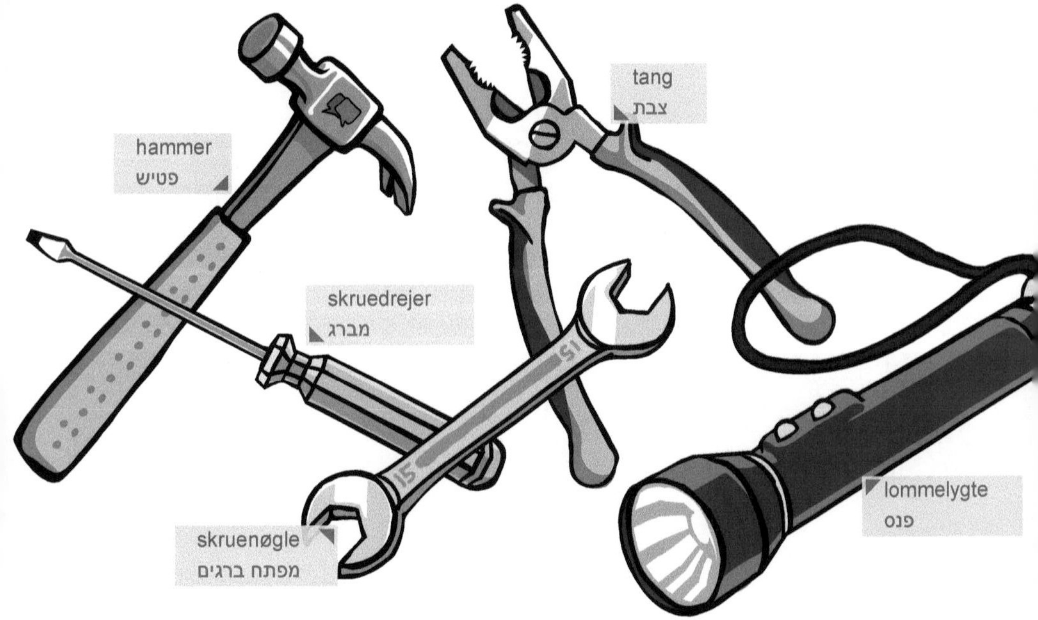

gravemaskine

דחפור

værktøjskasse

ארגז כלים

stige

סולם

sav

מסור

søm

מסמרים

bor

מקדחה

reparere

תיקן

skovl

את חפירה

Lort!

לעזאזל!

fejebakke

יעה

malerspand

פח צבע

skruer

ברגים

# musikinstrumenter

## כלי נגינה

højttaler
רמקול
trommer
מערכת תופים
guitar
גיטרה
kontrabas
קונטראבס
trompet
חצוצרה

klaver

פסנתר

violin

כינור

bas

בס

pauke

תוף הדוד

tromme

תופים

keyboard

מקלדת פסנתר

saxofon

סקסופון

fløjte

חליל

mikrofon

מיקרופון

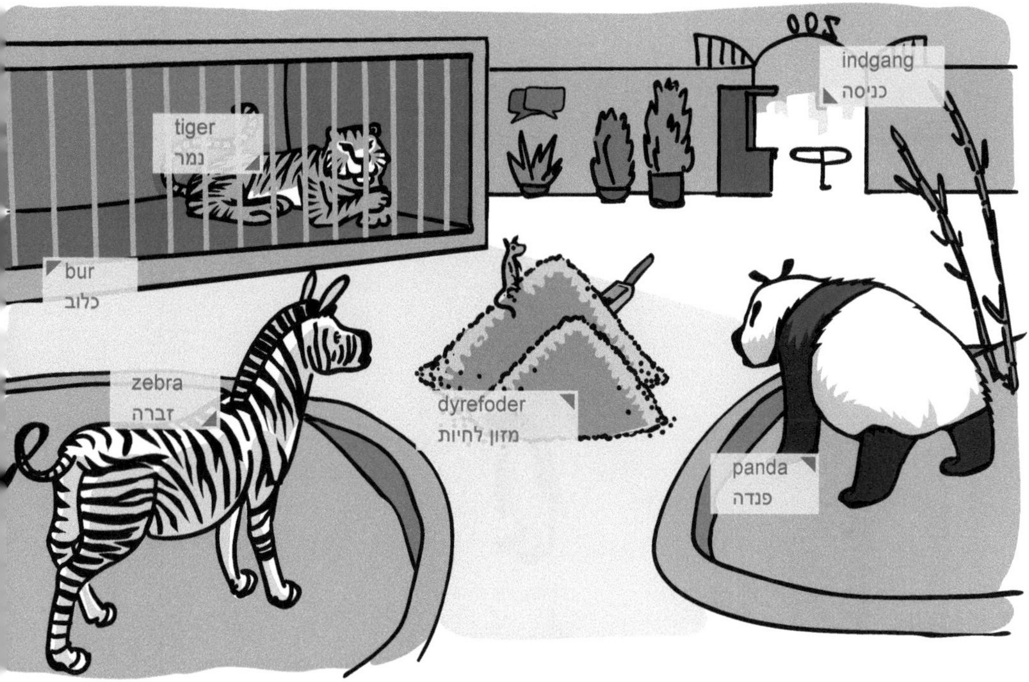

indgang
כניסה

tiger
נמר

bur
כלוב

zebra
זברה

dyrefoder
מזון לחיות

panda
פנדה

dyr
בעלי חיים

elefant
פיל

kænguru
קנגרו

næsehorn
קרנף

gorilla
גורילה

bjørn
דוב

kamel

גמל

struds

יען

løve

אריה

abe

קוף

flamingo

פלמינגו

papegøje

תוכי

isbjørn

דוב הקרח

pingvin

פינגווין

haj

כריש

påfugl

טווס

slange

נחש

krokodille

תנין

dyrepasser

שומר גן החיות

sæl

כלב ים

jaguar

יגואר

pony

סוס פוני

leopard

לאופרד

flodhest

היפופוטאם

giraf

ג'ירפה

ørn

נשר

vildsvin

חזיר בר

fisk

דג

skildpadde

צב

hvalros

סוס ים

ræv

שועל

gazelle

אײלה

# sport

# ספורט

amerikansk football
פוטבול אמריקאי
cykling
רכיבת אופניים
tennis
טניס
basketball
כדורסל
svømning
שחיה
boksning
אגרוף
ishockey
הוקי

fodbold

כדורגל

badminton

בדמינטון

atletik

אתלטיקה

håndbold

כדור-יד

skiløb

עשה סקי

polo

פולו

# aktiviteter
# פעילויות

grine
צחק
springe
קפץ
give et knus
חיבק
gå
הלך
synge
שר
drømme
חלם
bede
התפלל
kysse
נשק

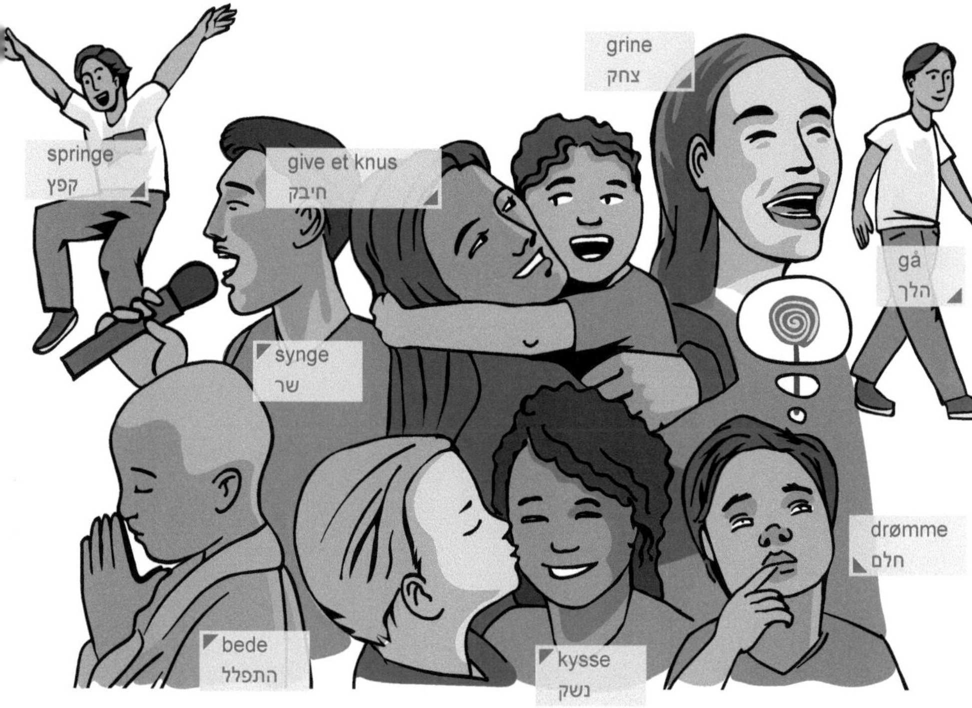

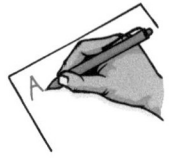

skrive

כתב

tegne

צייר

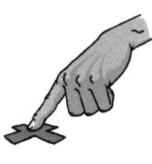

vise

הראה

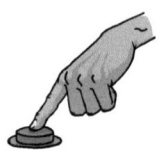

skubbe

דחף

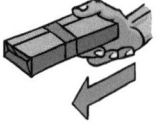

give

נתן

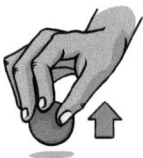

tage

לקח

have

יש / להיות הבעלים

gøre

עשה

være

היה

stå

עמד

løbe

רץ

trække

משך

kaste

זרק

falde

נפל

ligge

שכב

vente

חיכה

bære

סחב

sidde

ישב

tage på

התלבש

sove

ישן

vågne

התעורר

se på

הסתכל ב-

græde

בכה

ae

ליטף

kæmme

סירק

tale

דיבר

forstå

הבין

spørge

שאל

høre

שמע

drikke

שתה

spise

אכל

rydde op

סידר

elske

אהב

koge

בישל

køre

נהג

flyve

עף

sejle

שט

regne

חישב

læse

קרא

lære

למד

arbejde

עבד

gifte sig med

התחתן

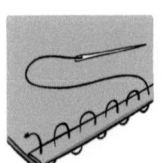

sy

תפר

børste tænder

ציחצח שיניים

dræbe

הרג

ryge

עישן

sende

שלח

# familie

# משפחה

bedstemor
סבתא
bedstefar
סבא
far
אבא
mor
אימא
baby
תינוק
datter
בת
søn
בן

gæst

אורח

tante

דודה

onkel

דוד

bror

אח

søster

אחות

# krop

# גוף

pande
מצח
øje
עין
skulder
כתף
finger
אצבע
ansigt
פנים
hage
סנטר
hånd
כף יד
ben
רגל
bryst
חזה
arm
זרוע

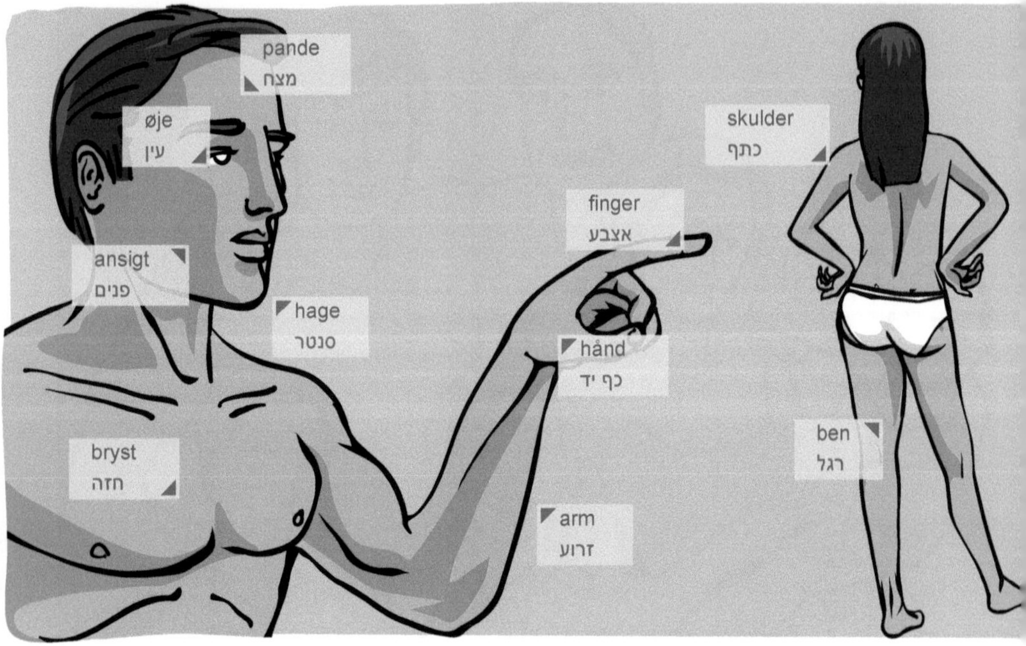

baby
תינוק

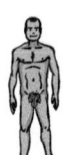

mand
איש

kvinde
אישה

pige
ילדה

dreng
ילד

hoved
ראש

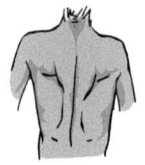

ryg

גב

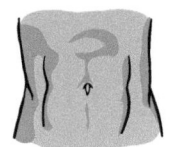

mave

בטן

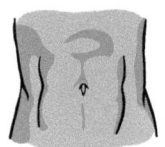

navle

טבור

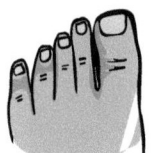

tå

אצבע

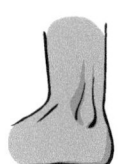

hæl

עקב

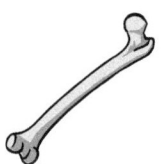

knogle

עצם

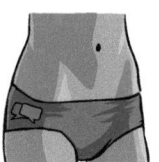

hofte

ירך

knæ

ברך

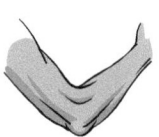

albue

מרפק

næse

אף

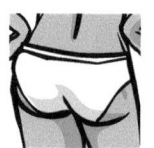

bagdel

עכוז

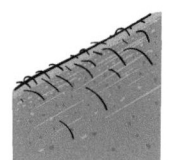

hud

עור

kind

לחי

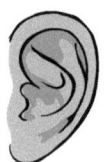

øre

אוזן

læbe

שפתיים

mund

פה

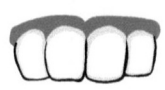

tand

שן

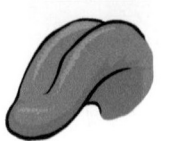

tunge

לשון

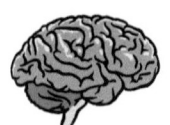

hjerne

מוח

hjerte

לב

muskel

שריר

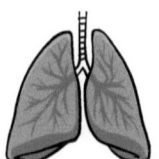

lunge

ריאה

lever

כבד

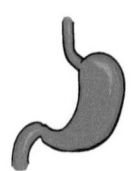

mavesæk

קיבה

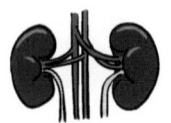

nyrer

כליות

sex

מין

kondom

קונדום

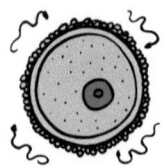

ægcelle

ביצית

sperm

זרע

svangerskab

הריון

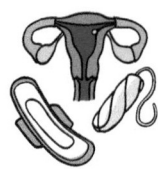

menstruation

וסת

vagina

נרתיק

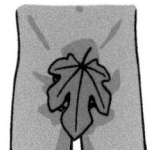

penis

פין

øjenbryn

גבה

hår

שיער

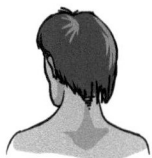

hals

צוואר

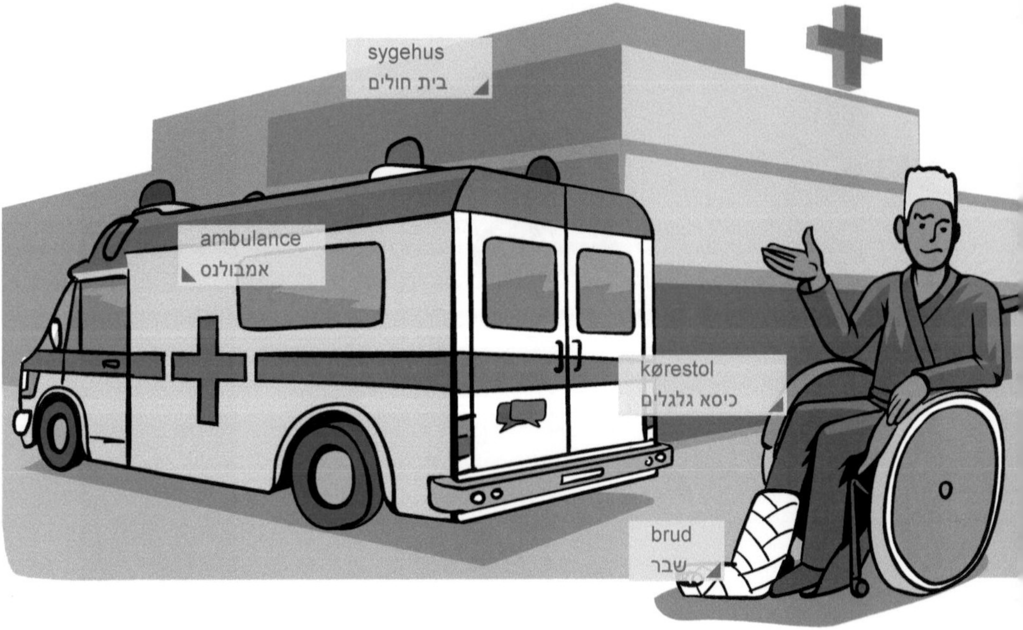

# sygehus

# בית חולים

ambulance
אמבולנס
kørestol
כיסא גלגלים
brud
שבר

lægе

רופא

akutmodtagelse

חדר מיון

sygeplejerske

אחות

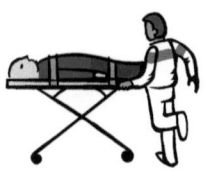

nødstilfælde

חירום

bevidstløs

חסר הכרה

smerte

כאב

skade

פציעה

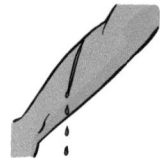

blødning

דימום

hjerteinfarkt

התקף לב

slagtilfælde

שבץ

allergi

אלרגיה

hoste

שיעול

feber

חום

influenza

שפעת

diarré

שלשול

hovedpine

כאב ראש

kræft

סרטן

diabetes

סוכרת

kirurg

מנתח

skalpel

אזמל

operation

ניתוח

CT

סי-טי

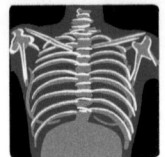

røntgen

רנטגן

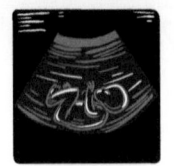

ultralyd

אולטרסאונד

maske

מסיכת פנים

sygdom

מחלה

venteværelse

חדר המתנה

krykke

קבה

plaster

פלסטר

forbinding

תחבושת

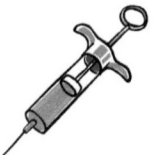

injektion

זריקה

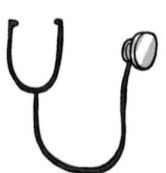

stetoskop

סטטוסקופ

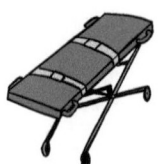

båre

אלונקה

termometer

מד חום

fødsel

לידה

overvægt

עודף משקל

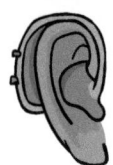

**høreapparat**

מכשיר שמיעה

**desinficerende middel**

מחטא

**infektion**

זיהום

**virus**

נגיף

**HIV / AIDS**

איידס

**medicin**

תרופה

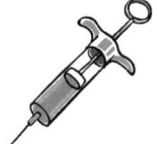

**vaccination**

חיסון

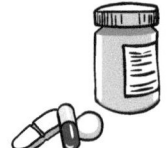

**tabletter**

טבליות

**pille**

גלולה

**nødopkald**

קריאת חירום

**blodtryksmåler**

מד לחץ דם

**syg / rask**

חולה / בריא

# nødstilfælde

## חירום

Hjælp!

הצילו!

alarm

אזעקה

overfald

פשיטה

angreb

תקיפה

fare

סכנה

nødudgang

יציאת חירום

Det brænder!

אש!

ildslukker

מטף כיבוי

uheld

תאונה

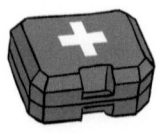

førstehjælps-kuffert

ערכת עזרה ראשונה

SOS

הצילו!

politi

משטרה

# Jorden

# כדור הארץ

Europa

אירופה

Nordamerika

צפון אמריקה

Sydamerika

דרום אמריקה

Afrika

אפריקה

Asien

אסיה

Australien

אוסטרליה

Atlanterhavet

האוקיינוס האטלנטי

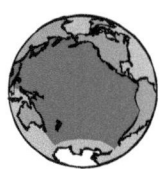

Stillehavet

האוקיינוס השקט

Indiske Ocean

האוקיינוס ההודי

Sydlige Ishav

האוקיינוס האנטרקטי

Ishav

האוקיינוס הארקטי

Nordpol

הקוטב הצפוני

Sydpol

הקוטב הדרומי

Antarktis

אנטארקטיקה

Jorden

כדור הארץ

land

אדמה

hav

ים

ø

אי

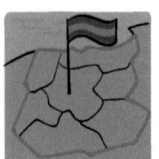

nation

לאום

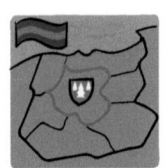

stat

מדינה

# ur
# שעון

urskive

פני השעון

timeviser

מחוג השעות

minutviser

מחוג הדקות

sekundviser

מחוג השניות

Hvad er klokken?

מה השעה?

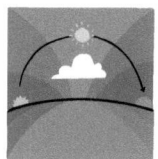

dag

יום

tid

זמן

nu

עכשיו

digitalur

שעון דיגיטלי

minut

דקה

time

שעה

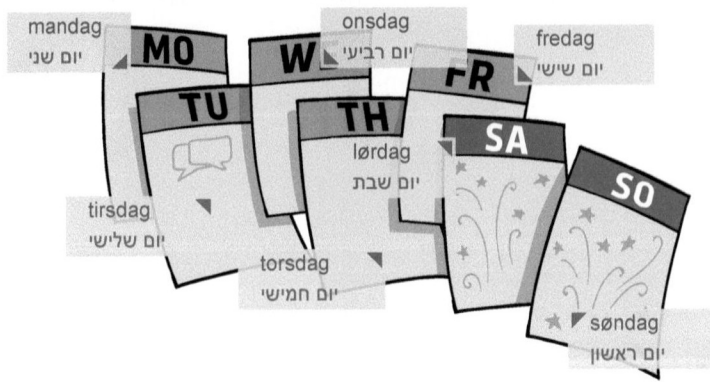

# uge

## שבוע

mandag
יום שני
onsdag
יום רביעי
fredag
יום שישי
FR
SO
lørdag
יום שבת
tirsdag
יום שלישי
torsdag
יום חמישי
søndag
יום ראשון

i går

אתמול

i dag

היום

i morgen

מחר

morgen

בוקר

middag

צהריים

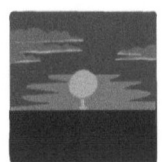

aften

ערב

arbejdsdage

ימי עבודה

weekend

סוף שבוע

# år
# שנה

regn
גשם
regnbue
קשת בענן
vind
רוח
sne
שלג
forår
אביב
efterår
סתיו
sommer
קיץ
vinter
חורף

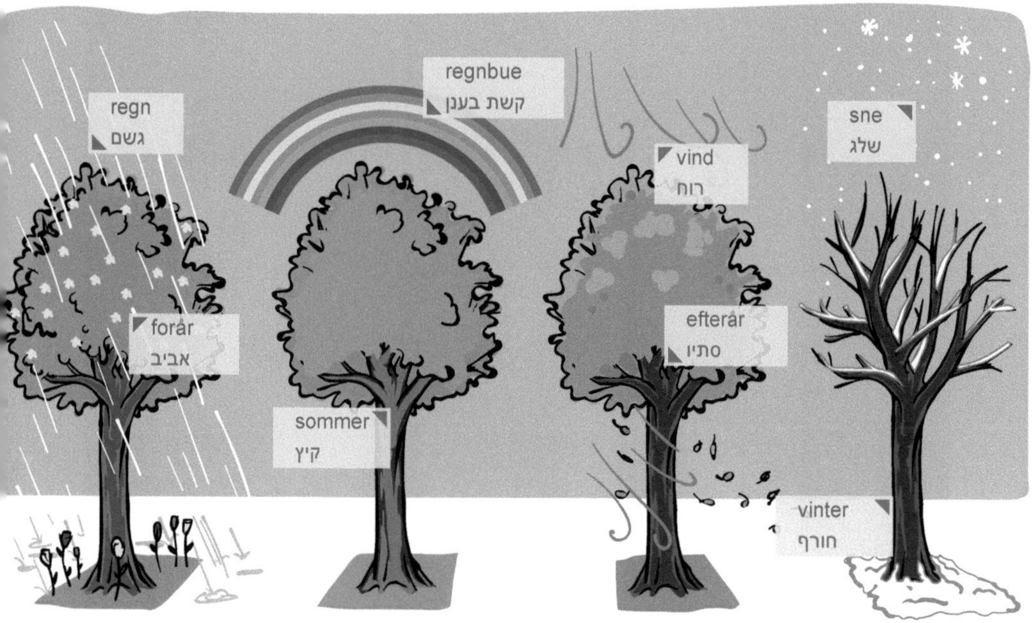

vejrudsigt

תחזית מזג האוויר

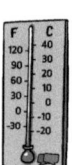

termometer

מד חום

solskin

אור שמש

sky

ענן

tåge

ערפל

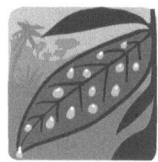

luftfugtighed

לחות

lyn

ברק

torden

רעם

storm

סערה

hagl

ברד

monsun

רוח עונתי

flod

שיטפון

is

קרח

januar

ינואר

februar

פברואר

marts

מרץ

april

אפריל

maj

מאי

juni

יוני

juli

יולי

august

אוגוסט

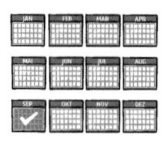

september
ספטמבר

oktober
אוקטובר

november
נובמבר

december
דצמבר

## former

## צורות

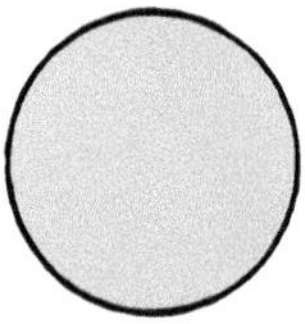

cirkel
עיגול

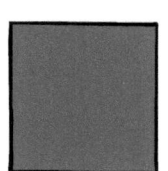

kvadrat
מרובע

firkant
מלבן

trekant
משולש

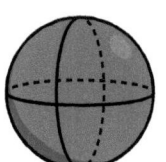

kugle
כדור

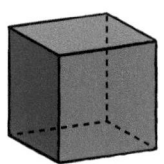

terning
קובייה

# farver

## צבעים

hvid

לבן

gul

צהוב

orange

כתום

pink

ורוד

rød

אדום

lilla

סגול

blå

כחול

grøn

ירוק

brun

חום

grå

אפור

sort

שחור

# modsætninger

# הפכים

meget / lidt

הרבה / מעט

rasende / fredelig

כועס / רגוע

smuk / grim

יפה / מכוער

begyndelse / slut

התחלה / סוף

stor / lille

גדול / קטן

lys / mørk

בהיר / כהה

bror / søster

אח / אחות

ren / snavset

נקי / מלוכלך

fuldkommen / ufuldkommen

שלם / חלקי

dag / nat

יום /לילה

død / levende

מת / חי

bred / smal

רחב / צר

spiselig / uspiselig

אכיל / לא אכיל

vred / venlig

רשע / טוב לב

ophidset / kedet

מתרגש / משועמם

tyk / tynd

שמן / רזה

først / sidst

ראשון / אחרון

ven / fjende

חבר / אויב

fuld / tom

מלא / ריק

hård / blød

קשה / רך

tung / let

כבד / קל

sult / tørst

רעב / צמא

syg / rask

חולה / בריא

illegal / legal

בלתי-חוקי / חוקי

intelligent / dum

נבון / טיפש

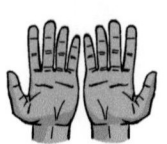

venstre / højre

שמאל / ימין

nær / fjern

קרוב / רחוק

ny / brugt

חדש / משומש

intet / noget

כלום / משהו

gammel / ung

זקן / צעיר

tændt / slukket

פעיל / כבוי

åben / lukket

פתוח / סגור

stille / højt

שקט / רועש

rig / fattig

עשיר / עני

rigtig / forkert

נכון / שגוי

ru / glat

מחוספס / חלק

ked af det / lykkelig

עצוב / שמח

kort / lang

קצר / ארוך

langsom / hurtig

איטי / מהיר

våd / tør

רטוב / יבש

varm / kold

חם / קר

krig / fred

מלחמה / שלום

| | | |
|---|---|---|
| 0 | 1 | 2 |
| nul | en | to |
| אפס | אחת | שתיים |
| 3 | 4 | 5 |
| tre | fire | fem |
| שלוש | ארבע | חמש |
| 6 | 7 | 8 |
| seks | syv | otte |
| שש | שבע | שמונה |
| 9 | 10 | 11 |
| ni | ti | elleve |
| תשע | עשר | אחת-עשרה |

## 12
tolv

שתים-עשרה

## 13
tretten

שלוש-עשרה

## 14
fjorten

ארבע-עשרה

## 15
femten

חמש-עשרה

## 16
seksten

שש-עשרה

## 17
sytten

שבע-עשרה

## 18
atten

שמונה-עשרה

## 19
nitten

תשע-עשרה

## 20
tyve

עשרים

## 100
hundrede

מאה

## 1.000
tusinde

אלף

## 1.000.000
million

מיליון

engelsk

אנגלית

amerikansk engelsk

אנגלית אמריקאית

kinesisk mandarin

סינית מנדרינית

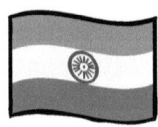

hindi

הודית

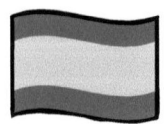

spansk

ספרדית

fransk

צרפתית

arabisk

ערבית

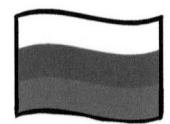

russisk

רוסית

portugisisk

פורטוגזית

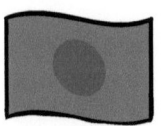

bengalsk

בנגלית

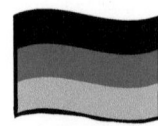

tysk

גרמנית

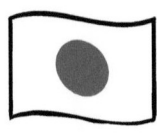

japansk

יפנית

# hvem / hvad / hvordan

# מי / מה / איך

jeg

אני

du

אתה / את

han / hun / den / det

הוא / היא / זה

vi

אנחנו

I

אתם

de

הם

hvem?

מי?

hvad?

מה?

hvordan?

איך?

hvor?

איפה?

hvornår?

מתי?

navn

שם

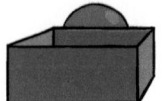

# hvor
# איפה

bag

מאחור

i

בתוך

foran

לפני

over

מעל

på

על

under

מתחת

ved siden af

ליד

imellem

בין

sted

מקום